Viktoria Hemmelmayr
Warum manche Männer solche Schweine sind

Viktoria Hemmelmayr

Warum manche Männer solche Schweine sind

Biographische Erzählungen

edition litera
im
R. G. Fischer Verlag

Die Handlung dieses Romans sowie die darin vorkommenden Personen sind frei erfunden; eventuelle Ähnlichkeiten mit realen Begebenheiten und tatsächlich lebenden oder bereits verstorbenen Personen wären rein zufällig.

Die Deutsche Bibliothek – CIP-Einheitsaufnahme
Ein Titeldatensatz für diese Publikation ist bei
Der Deutschen Bibliothek erhältlich

© 2001 by R. G. Fischer Verlag
Orber Straße 30, D-60386 Frankfurt/Main
Alle Rechte vorbehalten
Schrift: Palatino 10˙
Herstellung: KN / DD
Printed in Germany
ISBN 3-8301-0106-6

INHALT

Der Autokauf 7

Mein Nachbar 16

Der Reinfall 25

Der Rückfall 36

Ein fieses Spiel 41

Der Autokauf

Ich heiße Ivana, bin 23 Jahre alt und wohne in einer kleinen Mietwohnung. So gesehen, ist mein Freundes- bzw. Bekanntenkreis recht groß, doch den richtigen Partner fürs Leben habe ich noch nicht gefunden. Aber das macht mir eigentlich nichts aus. Wenn die Zeit da ist, wird der Mann, mit dem ich mein restliches Leben verbringen werde, in mein Leben treten, und was das betrifft, werde ich mich noch etwas gedulden müssen und nichts erzwingen können.
Sorgen mache ich mir momentan über mein Auto. Ich fahre nämlich einen Golf, der schon sechs Jahre alt ist und hier und da seine Macken zeigt. Ich muß ihn immer wieder in gewissen Abständen in die Werkstatt fahren und ihn reparieren lassen. Das ging mit der Zeit schon ganz schön ins Geld; wenn man die Kosten der Reparaturen zusammenrechnete, könnte ich mir eigentlich schon ein neues Auto leisten.
Und hier beginnt meine wahre Geschichte.
Ich fuhr wieder einmal in die Werkstatt, die etwas außerhalb einer Kleinstadt lag. Die Bremsen mußten ausgetauscht werden. Da ich keine zwei Stunden herumsitzen wollte, bat ich die Sekretärin, mich zu einer Freundin zu fahren. Ein sehr netter, gutaussehender junger Mann, der dort als Autoverkäufer beschäftigt war, fuhr mich mit einem Kleinbus in die Stadt und ließ mich auf meinen Wunsch nicht direkt bei meiner Freundin, sondern mitten in der Stadt aussteigen. Ich wollte noch einiges erledigen und danach meine Freundin besuchen. Ich beschrieb ihm, wo meine Freundin wohnt, und er versprach, mich bei ihr abzuholen, sobald mein Auto fertig sei. Ich bedankte mich bei ihm und stieg aus, vergaß aber dabei nach seinem Namen zu fragen.
Meine Freundin und ich unterhielten uns recht gut. Wir tranken Kaffee, alberten herum und lachten recht viel. Die Zeit verging sehr schnell. Eine Stunde später bekam ich schon einen Anruf, daß mein Auto fertig sei und ich gleich abgeholt werde. Ich bedankte mich bei meiner Freundin, daß sie Zeit hatte und wartete draußen vor der Türe. Ich wartete und wartete, aber niemand kam. Nach ca. zehn Minuten rief ich bei der Werkstatt an. Die Sekretärin fragte mich, wo ich sei und sie würde mich gleich

holen. Bei der Werkstatt angekommen stand der junge Mann, der mich vorher in die Stadt gefahren hatte, draußen mit ein paar Kunden. Er sah mich und entschuldigte sich bei mir, daß er mich nicht hatte holen können: „Es tut mir leid, ich wollte dich holen, ich habe dich überall gesucht, aber ich konnte dich nicht finden."
Das klang romantisch.
Ich sagte: „Macht nichts."
Ich bezahlte meine Rechnung und fuhr nach Hause.
Zu Hause machte ich es mir vor dem Fernseher gemütlich. Ich blieb aber nicht jeden Abend zu Hause; wenn ich mal Lust hatte, ging ich mit meiner Freundin an den Wochenenden aus. Wir hielten uns nicht immer in derselben Discothek auf, sondern waren mal hier und mal dort. Meine Freundin kannte mich sehr gut, sie wußte, daß ich mich oft alleine fühlte und einen festen Freund haben wollte, deshalb versuchte sie mich manchmal mit jemandem zu verkuppeln, aber das schaffte sie nie. Ich bin eben ein etwas schwieriger Typ, schüchtern, zurückhaltend, sehr vorsichtig, und außerdem habe ich meine eigenen Vorstellungen von einem Mann. Sie versuchte mich nämlich immer mit Männern zu verkuppeln, die ihr selbst gefielen.
An einem Nachmittag wollte ich meine Eltern besuchen und fuhr mit erlaubter Geschwindigkeit eine enge Schnellstraße entlang, da kam mir jemand entgegen, der es ziemlich eilig hatte und konnte nicht richtig ausweichen. Es passierte nicht viel, es wurden bei meinem und dem anderen Auto die Spiegel weggerissen. Nach ca. dreißig Metern Entfernung blieb er stehen und ich auch. Ich stieg nicht aus, ich sah nur in den Rückspiegel und war neugierig, was passiert. Die Person stieg nicht aus, sondern fuhr weiter; ich fuhr dann auch wieder weiter, aber nicht zu meinen Eltern, sondern zur Werkstatt. Ich sprach mit einem Mechaniker, der meinte, daß heute viel zu tun sei und mich bat, etwas zu warten. Ich holte mir einen Kaffee aus dem Automaten, setzte mich hin und las eine Zeitschrift. Manchmal sah ich auf und richtete meine Blicke auf die Menschen, die rein- und rausgingen. Nach einer Weile sah ich ihn wieder, diesen jungen, attraktiven Autoverkäufer. Er kam mit Kunden herein. Ich schaffte es, ihn zu beobachten, ohne daß er mich dabei bemerkte. Er hatte irgendetwas interessantes an sich, ich wußte nur noch nicht genau was. Leider war der Mechaniker mit dem Anbringen des neuen Spie-

gels schon fertig, und ich mußte fahren.
Zu Hause dachte ich ein wenig über den Autoverkäufer nach und fragte mich, was mir an ihm so gefiel. War es nur sein Aussehen?
Ich kannte seinen Namen nicht, wußte nicht, wie er fühlt, was er denkt, nichts über seinen Charakter, was für mich bei einem Menschen sehr wichtig ist zu wissen, bevor ich mich mit ihm einlasse.
Von Tag zu Tag dachte ich immer mehr an ihn, bis er mir gar nicht mehr aus dem Kopf ging. Ich wollte aber bei niemandem nach seinem Namen fragen, da es zu auffällig gewesen wäre – ihn selbst traute ich mich auch nicht zu fragen.
Als ich eines Tages wieder in die Stadt fuhr, um einzukaufen, fuhr ich versehentlich den Gehsteigrand an und es krachte laut. Ich konnte natürlich nicht mehr weiterfahren und rief gleich die Werkstatt an. Diesmal hörte ich eine angenehme, männliche Stimme am anderen Ende der Leitung. Ich sagte ihm, daß ich einen Platten hätte und Hilfe bräuchte.
Er sagte: „Aha, jetzt bist du bei mir gelandet."
Ich fragte natürlich, wer dran sei.
Er meinte: „Ich bin's, der Samuel, der Autoverkäufer, der dich damals mit dem Kleinbus in die Stadt gefahren hat."
Ich war froh, daß er mich jetzt in diesem Augenblick nicht sehen konnte, denn ich wurde rot, lächelte und dachte: „Endlich, jetzt weiß ich wenigstens deinen Namen." Ich blieb freundlich und bat ihn, mir jemanden zu schicken. Er war auch sehr nett und sagte: „Natürlich werde ich dir jemanden schicken. In fünf Minuten wird ein Mechaniker bei dir sein."
Ich bedankte mich und legte auf.
In diesen fünf Minuten, die ich warten mußte, schossen mir nur Gedanken über Samuel durch den Kopf. Es ist schon eigenartig, bis jetzt redete ich mit ihm ein paar Worte, kannte nur seinen Vornamen, ansonsten nichts, und ich fühlte mich sehr zu ihm hingezogen. Frage: War das nun Liebe auf den ersten Blick?
Der Mechaniker war wirklich sehr schnell da und wechselte meinen Reifen vor Ort.
Mit meinem Golf ging es wochenlang so dahin. Mal war hier etwas kaputt und mal da, ich mußte ihn immer wieder in die Werkstatt zur Reparatur bringen. So konnte es aber nicht weiter-

gehen. Schließlich und endlich entschied ich mich, meinen Golf gegen ein neues Auto einzutauschen.
Tja, und so führte mich mein nächster Weg wieder zu Samuel. Am nächsten Tag fuhr ich zur Werkstatt. Das Tor war nur noch bis zur Hälfte offen, aber ich ging trotzdem hinein. Zuerst sah ich überhaupt niemanden. Ich dachte, da die Tür noch offen war, müsse ja noch jemand da sein. Ich ging weiter und sah weiter hinten im Raum jemanden am Computer arbeiten. Es war Samuel. Ich wurde auf einmal ganz nervös, ging langsam auf ihn zu und fragte ihn, ob er hier alleine wäre. Er war nett und sagte: „Ja, die anderen sind schon nach Hause gefahren. Brauchst du etwas?"
Ich wollte eigentlich wegen meines Autos zu ihm, doch ich war so feige, viel zu nervös, zitterte am ganzen Körper und sagte ihm, daß ich nichts bräuchte und ging. Ich fuhr eine Stadtrunde und überlegte, ob ich nicht doch noch einmal zu Samuel fahren sollte, ich bräuchte mich vor nichts zu fürchten, er wußte ja nicht, daß ich ihn sehr sympathisch fand.
So fuhr ich noch einmal zu Samuel, setzte mich vor ihn hin und sagte ihm, daß ich mein Auto eintauschen möchte. Er lächelte, kam mir näher und fragte, für welches Auto ich mich interessieren würde. Ich konnte ihm momentan nicht ins Gesicht sehen, ich hatte Angst rot zu werden. Ich sah mich um und zuckte mit den Schultern.
Samuel gab mir ein paar Prospekte und riet mir, vielleicht den Polo zu nehmen. Wir tauschten die Telefonnummer aus und ich ging. Bevor ich ins Auto stieg, rief er mir nach, daß er sich in den nächsten Tagen bei mir melden würde.
Ein paar Tage später erhielt ich an einem Vormittag einen Anruf von Samuel. Wir vereinbarten einen Termin, er meinte, daß ich nach Arbeitsschluß zu ihm ins Geschäft kommen sollte.
Das war für mich etwas rätselhaft, denn geschäftliches bespricht man doch während der Geschäftszeiten – oder nicht?
Ich freute mich aber trotzdem schon riesig darauf.
Noch am selben Tag bekam ich am späteren Nachmittag wieder einen Anruf von Samuel. Er meinte, daß er unseren Termin nicht einhalten könnte. Zuerst fragte er mich, wann ich wieder Zeit hätte. Ich sagte ihm, daß ich mich nach ihm richten würde. Er schlug mir Samstag Vormittag vor, und meinte, daß wir Samstag

Vormittag alleine und ungestört wären. Ich willigte ein.
Die nächsten drei Tage saß ich wie auf Nadeln und zählte jede Stunde, nein jede Minute, die verging. Ich konnte es kaum abwarten, Samuel wiederzusehen.
Und endlich, der Samstag Vormittag war da. Um nicht zu nervös zu werden bzw. zu wirken, mußte ich mir immer wieder einreden: „Es ist kein Rendezvous, sondern leider nur rein geschäftlich."
Als ich bei der Werkstatt ankam, waren Samuel und ich wirklich alleine. Wir setzten uns, und er fragte mich über mein Auto aus, wie alt es sei, Kilometerstand etc.
Danach sprach er kurz über sein Privatleben.
Frage: Was hat das mit meinem Auto zu tun?
Er fragte mich auch nach meinem Privatleben. Ich dachte mir nichts dabei und erzählte ihm, daß ich in einer kleinen Mietwohnung lebe. Er meinte, er wüßte das schon. Ich fragte mich, woher er das wußte; hatte er sich schon vorher mal über mich informiert?
Wir machten mit seinem Polo eine kleine Probefahrt. Zuerst saß Samuel am Steuer und fuhr eine Schnellstraße entlang und bog dann in eine Seitenstraße an. Er ließ den Motor laufen und wir tauschten die Plätze. Ich fuhr ein Stück, dabei hatten wir viel Spaß, denn ich fuhr wie ein Anfänger. Samuel übernahm wieder das Steuer und fuhr zur Werkstatt zurück. Dort warteten ein paar Kunden auf ihn und somit war unser Treffen leider schon beendet. Wir vereinbarten einen neuen Termin, um meinen Golf in der Werkstatt durchsehen und schätzen zu lassen.
Noch am selben Tag rief ich meine Freundin an und erzählte ihr, voller Freude, wie ich Samuel kennengelernt hatte.
Sie freute sich für mich, warnte mich aber gleichzeitig und sagte: „Sei lieber vorsichtig, vielleicht ist er nur geschäftlich an dir interessiert und deshalb so nett zu dir, damit du bei ihm ein Auto kaufst. Sobald er dir eines verkauft hat, wird er dich vielleicht fallen lassen. Ich kann nur hoffen, daß ich mich täusche, aber sei bitte trotzdem vorsichtig."
Ich war enttäuscht und etwas wütend auf sie, ich hatte von ihr eine andere Antwort erwartet und dachte: „Vielleicht ist sie nur eifersüchtig" und hörte nicht auf den Rat, den sie mir gab.
Ein paar Tage darauf fuhr ich zur Werkstatt, um mein Auto schät-

zen zu lassen, was zwei Stunden dauerte. Während mein Auto geschätzt wurde, saßen Samuel und ich zusammen und schlossen den Kaufvertrag für mein neues Auto ab. Er zahlte mir einen Kaffee vom Automaten und erzählte mir wieder einiges von seinem Privatleben. Er lächelte und gab mir das genaue Datum, wann er Geburtstag hatte. Ich fragte ihn, ob ich ihm eine Karte schreiben sollte. Er wurde ein klein wenig rot und sagte: „Ja, du kannst mir ruhig eine schreiben."
Nebenbei bemerkte ich, daß er mit mir füßelte, genauer gesagt stellte er seine Füße immer neben meine.
Den geschätzten Wert meines Autos hatten wir. Ich las den Kaufvertrag sorgfältig durch und unterschrieb ihn. Samuel begleitete mich zu meinem Golf und meinte: „Ein paar Wochen mußt du dich noch gedulden, dann bist du stolzer Besitzer eines Polos."
Wir gaben uns die Hände und verabschiedeten uns. Bevor er wegging, rief ich ihm nach. Er drehte sich um und blieb stehen. Ich wollte unbedingt noch einmal seine Hand spüren und verabschiedete mich noch einmal von ihm mit einem Händedruck. Ich sagte: „Du hast so warme Hände." Er lächelte und ging.
Eine Woche später war eine Autoschau. Ich parkte mein Auto in der Nähe auf dem Parkplatz eines Lebensmittelgeschäftes. Da ich mir einen Polo gekauft hatte, wollte ich ihn mir eben näher ansehen. Danach schaute ich herum und sah Samuel, alleine, wie er mit seinem Handy spielte. Anscheinend machte er gerade eine Pause. Ich ging auf ihn zu und fragte, wie es ihm ginge. Er sah mich mit einem ersten Gesichtsausdruck an. Ich dachte: entweder hat er viel Streß bei der Arbeit oder private Probleme.
Ich fragte natürlich, was er hätte. Er sagte: „Nichts." Ich ließ nicht locker und fragte nochmal nach. Zuerst stand er eine Weile da und meinte dann aufbrausend: „Du bist ziemlich lästig."
Mit allem hatte ich gerechnet, nur nicht mit so einer Antwort. Ich war für einen kurzen Augenblick sehr durcheinander und verletzt.
Ich wurde natürlich zornig und meinte: „Ich bin nicht lästig", und verließ die Autoschau.
Zu Hause weinte ich mir die Augen aus, ich dachte wirklich, er würde sich etwas aus mir machen. Ich wartete, bis es dunkel wurde, danach fuhr ich zu Samuels Wohnung und blieb mit dem Auto vor seiner Wohnung stehen. Ich stieg nicht aus, sonder saß

einfach so da, weinte und fragte mich die ganze Zeit, was ich falsch machte. Ich dachte auch an den Rat, den mir meine Freundin damals gegeben hatte. Niemand sah mich, und nach einer Weile fuhr ich wieder nach Hause.
Ein paar Tage darauf rief ich Samuel an. Er war wieder sehr nett am Telefon. Er meinte, ich solle ihn vor Arbeitsschluß anrufen, er hätte momentan zu viel zu tun. Das tat ich dann auch, aber es lief nur die Mobilbox, so sprach ich auf diese, daß ich ihn nicht mehr belästigen werde.
Am nächsten Tag mußte ich Samuel meine Einkommensbestätigung vorbeibringen, dabei übermittelte er mir, daß er mir mein neues Auto übergeben würde.
Ich wollte mit ihm über die Finanzierung sprechen, doch er hatte wieder einmal zu viel zu tun und bat mich, ihn später anzurufen. Ich verabschiedete mich bei ihm und nannte ihn „Kleiner Stinker".
Samuel rief mich am späteren Nachmittag zurück und wollte mit mir über die Finanzierung sprechen. Ich fragte ihn nebenbei, ob ihm das was ausmachte, daß ich ihn „Kleiner Stinker" nannte.
Er antwortete: „Nein, spinnst du, du darfst das, ich rechne für dich die Finanzierung durch und melde mich dann bei dir."
Eine Stunde später rief er mich an und meinte, daß ich kurz bei ihm in der Werkstatt vorbeikommen sollte. Ich fuhr so schnell ich konnte zu ihm. Wir sprachen über die Finanzierung und ich schloß einen Leasingvertrag ab.
Es vergingen Wochen, und der Tag für die Autoübergabe rückte immer näher.
Dann war es endlich soweit. Ich fuhr etwas aufgeregt zur Werkstatt. Samuel wartete schon auf mich. Die Autoübergabe geschah genau an seinem Geburtstag. Er gab mir die Hand und begrüßte mich sehr freundlich. Wir stiegen in mein neues Auto, ich saß am Steuer. Er erklärte mir das Amaturenbrett, aber ich konnte ihm nur manchmal aufmerksam zu hören, denn ich war innerlich so aufgeregt, hatte Schmetterlinge im Bauch und mußte die ganze Zeit darauf achten, nicht rot zu werden.
Ich startete den Polo und fuhr langsam los. Er erklärte mir die Route, die ich fahren sollte, danach war es sehr ruhig, völlige Stille, ein Radio war in meinem neuen Auto natürlich auch noch nicht eingebaut. Ich bat ihn, mir ein Radio auszusuchen. Er war

nett und bejahte. Bevor ich ging, gab ich Samuel eine Geburtstagskarte von mir und wünschte ihm „Alles Gute".

Einen Tag später rief Samuel mich schon wegen eines neuen Radios an. Ich fuhr zur Werkstatt und ließ es gleich einbauen. Samuel war leider nicht da, und so fuhr ich etwas enttäuscht nach Hause.

Wie vom Pech verfolgt lief mir ein paar Wochen später, gegen Abend, ein Reh ins Auto. Die ganze rechte Seite war eingedrückt. Seit ich den Führerschein besitze, passierte mir das zum ersten Mal. Ich war völlig fertig mit den Nerven und in Panik. Ich rief Samuel an und erzählte ihm, was geschehen war. Er versuchte mich zu beruhigen und meinte, daß ich am nächsten Vormittag gleich in die Werkstatt kommen sollte.

In der Werkstatt sagte man mir, daß die Reparatur mindestens zwei Tage dauern würde. Ich ging zu Samuel und fragte ihn, was ich jetzt tun sollte, ohne Auto wäre ich aufgeschmissen. Er lächelte, zwinkerte mir mit einem Auge zu und versprach mir, mir für zwei Tage sein Auto zu borgen.

Einen Tag, bevor ich mein Auto zur Reparatur bringen mußte, rief ich Samuel an und fragte ihn, ob sein Angebot, mir sein Auto zu leihen, noch gelte.

Er war furchtbar gereizt: „Mein Auto kannst du nicht haben, du bekommst eh ein Ersatzauto von der Werkstatt."

Ich war wieder am Tiefpunkt. Ich fragte mich, was jetzt schon wieder los wäre. Ich tat ihm doch nichts, im Gegenteil, ich war dankbar, daß er mir so entgegenkam.

In der Zwischenzeit, nachdem Samuel mir das Angebot machte, mir sein Auto zu leihen, hatte ich überhaupt keinen Kontakt zu ihm. Ich hatte auch mit keinem von seinen Arbeitskollegen Kontakt.

Am nächsten Tag fuhr ich zur Werkstatt und bekam ein Ersatzauto. Bevor ich wieder nach Hause fuhr, rief Samuel mich an. Aus Neugierde blieb ich stehen.

Er fragte mich, ob ich noch böse auf ihn sei. Ich meinte: „Es geht."

Er sah mir genau in die Augen und bat mich wieder um meine Freundschaft. So wie Samuel mich ansah, wurde ich weich und gab ihm meine Freundschaft wieder. Noch am selben Tag erfuhr ich, daß vor kurzem ein Pub eröffnet hatte, wo tolle Musik gespielt wird und sich nette Leute aufhalten. Da Samuel der einzi-

ge war, den ich kannte, der in der Ortschaft wohnt, wo das neue Pub war, rief ich ihn an und fragte ihn nach diesem Pub. Er war sehr nett und erklärte mir, wo ungefähr dieses Pub ist. Er meinte aber, daß, wenn ich zum Pub fahre, ich in der Ortschaft anhalten und nochmal in einem Café nachfragen solle. Ich bedankte mich und legte auf.
Eine Woche später war ein großer Maturaball angesagt, den mindestens 3000 Leute besuchen würden. Ich wurde von einem Maturanten gebeten, falls ich jemanden wüßte, der zu dem Ball gehen möchte und noch Karten bräuchte, denjenigen anzurufen und zu fragen. Das tat ich dann auch und ich rief am Samstag, an dem der Ball stattfand, am Mittag Samuel an. Seine Mobilbox war eingeschaltet. Darauf sprach ich: „Falls du zum Maturaball gehst und noch Karten brauchst, ich hätte welche", und legte auf.
Als einige Tage später Samuel und ich uns unterhielten, war er sehr gemein. Er schnauzte mich an: „Warum rufst du mich wegen dem Ball an? Ich gehe mit dir zu keinem Ball. Und ich warne dich, gehe ja nie in dieses Pub, sonst passiert etwas." Und legte auf.
Jetzt reichte es mir. Erstens hatte ich Samuel nie persönlich gefragt, ob er mit mir zum Ball gehen möchte und zweitens half er mir erst, damit ich den Weg zu diesem Pub finde – und jetzt bedrohte er mich.
Ich sprach mit zwei engen Freunden von mir darüber, die mir den Rat gaben, mich von Samuel lieber fern zu halten.
Heute reden Samuel und ich nicht mehr miteinander, und einerseits finde ich es schade, daß es soweit kommen mußte, weil wir manchmal viel Spaß hatten und lachten. Zeitweise fragte ich mich, warum er sich mir gegenüber so verhielt, oder machte er das bei anderen Frauen auch? Leider kam keiner von uns beiden auf die Idee, sich zusammenzusetzen und uns auszusprechen.
Schlimm finde ich, daß Samuel der einzige ist, vor dem ich wirklich Angst habe, denn er ist unberechenbar.

Mein Nachbar

Ich heiße Sarah, bin 26 Jahre alt und wohne alleine in einer Eigentumswohnung in einer Kleinstadt. Meine Wohnung liegt in einem Haus, das zwei Stockwerke hoch gebaut wurde und einen kleinen Innenhof hat, das heißt, es wurde wie ein Vierkanthof gebaut.
Ich wohne im ersten Stock. Meine Nachbarn sind sehr nett, es gibt keinerlei Streitigkeiten oder Neid. Ich habe, von meiner Entscheidung aus, nicht viel mit ihnen zu tun. Ich lebe eher zurückgezogen. Einen Freund habe ich auch noch nicht. Manchmal störte mich das, weil ich das alleine sein satt hatte, und andererseits gab es wieder Zeiten, wo ich froh war, alleine zu sein, zu tun und zu lassen, was ich wollte. Aber was sage ich da, ich bin sicher nicht die einzige, der es im allgemeinen so geht.
In meiner Wohnung fühle ich mich recht wohl, ich habe sie so eingerichtet, wie ich es möchte und halte sie auch immer rein.
Und hier beginnt meine wahre Geschichte. Es begann alles an einem herrlichen Frühlingstag. Zuerst ging ich ein bißchen spazieren, und als ich zu Hause war, putzte ich noch schnell die Fenster. Während ich in meiner Küche die Fenster putzte, fiel mir in der Wohnung gegenüber sehr laute Musik auf. Ich sah hinüber und sah einen süßen, gutaussehenden jungen Mann, der mir zuvor nie richtig aufgefallen war. Das kam wahrscheinlich daher, daß ich mit meinen Nachbarn nicht viel Kontakt hatte.
Zurück zu dem jungen Mann. Ich sah genau in sein Wohnzimmer, er telefonierte und ging dabei hin und her. Ich putzte mein Fenster ganz langsam weiter und beobachtete ihn nebenbei. Manchmal sah er sogar in meine Richtung. Ich versuchte, ihn auf mich aufmerksam zu machen und drehte auch ganz laut Musik auf. Tja, es wirkte. Als er zu telefonieren aufhörte, sah er zu mir rüber und grüßte mich. Er fragte mich, für welche Musik, außer Pop, ich mich noch interessieren würde.
Ich antwortete: „Mir gefällt klassische Musik und teilweise auch Schlager."
Er lächelte und fragte mich nach meinem Namen; er heißt Georg. Er erzählte mir, daß er in Graz arbeitet. Da er sich den Streß nicht antun und zur Arbeit hin- und herfahren wollte, teilt er

gemeinsam mit seinem Bruder eine kleine Mietwohnung. Er ist nur am Wochenende hier zu Hause in seiner Wohnung. Er bot mir an, falls ich mal Zeit und Lust hätte, ihn am Wochenende auf einen Kaffee zu besuchen. Er gab mir seine Telefonnumer und ich ihm meine. Danach putzte ich meine Fenster fertig und er fuhr mit seinem Auto weg.
Ich war so happy, es war jemand aus meiner Nachbarschaft, das hätte ich mir nie gedacht. Er war die ganze Zeit direkt vor meiner Nase, fiel mir aber nie zuvor auf.
Ich blieb zu Hause und wartete, bis er zurückkam. Es verging eine Stunde nach der anderen und nichts rührte sich in seiner Wohnung, bis es dunkel wurde, da sah ich auf einmal Licht in seinem Wohnzimmer. Manchmal beobachtete ich ihn ganz unauffällig. Nach einer Weile zog ich dann meine Vorhänge zu und sah mir einen Film an. Noch länger wollte ich meine Vorhänge nicht offen lassen, da es sonst zu sehr auffiel.
Leider war heute schon Samstag, also mußte ich fünf Tage warten, bis ich Georg besuchen und ihn richtig kennenlernen konnte.
Frisch und munter wachte ich am nächsten Tag auf und sah auf meinem Telefon eine Nachricht aufscheinen. Sie war von Georg. Er schrieb: „Guten Morgen, hast Du gut geschlafen?"
Daraufhin schrieb ich gleich zurück und bedankte mich für die Nachricht. Er fragte mich, ob ich ihn gleich am Freitag, am späteren Nachmittag, besuchen möchte. Ich bejahte natürlich. Leider hatte er gerade heute sehr viel Arbeit vor sich und mußte schon aufhören zu telefonieren. So verging ein Tag nach dem anderen, und endlich war der Freitag da. Ich wahr ehrlich gesagt sehr nervös. Gegen Mittag sah ich des öfteren zu Georgs Wohnung und war neugierig, wann er nach Hause kam. Auf einmal öffnete er sein Wohnzimmerfenster und winkte mir zu. Das wars, jetzt wußte er vielleicht, daß ich ihn beobachtete. Ich lächelte etwas verlegen und winkte zurück.
Zwei Stunden später war es soweit. Ich richtete mich schnell ein wenig her und ging dann zu ihm rüber. Georg öffnete mir freundlich die Tür. Zuerst zeigte er mir seine Wohnung, und ich muß zugeben, er hatte Geschmack. Ich achtete auf Wäsche bzw. Dinge, die einer Frau gehören könnten, doch nirgends lag etwas, als dürfte er wahrscheinlich ein Single sein. In seinem Wohnzim-

mer tranken wir gemütlich einen Kaffee und unterhielte uns. Er erzählte einiges von sich, daß er 27 Jahre alt ist, einen guten Job hat und in seiner Freizeit gerne Sport treibt.
Er erwähnte aber nicht, daß er eine Freundin hätte, ich fragte ihn auch nicht danach.
Zwischendurch riß er ein paar Witze.
Was mir erstaunte war, daß Georg der erste Mann war, den ich bis jetzt kennenlernte, der nicht versuchte, mich sofort ins Bett zu kriegen bzw. anzugrapschen. Ich verstand mich blendend mit ihm. Wir redeten bis kurz vor Mitternacht und verabschiedeten uns mit einem Kuß auf die Wange.
Nach ein paar Tagen schrieb ich Georg mal einen Witz auf sein Handy. Er rief mich zurück und lachte. Er erkundigte sich zuerst, wie es mir geht, danach fragte er mich, ob ich ihn unter der Woche, nach der Arbeit, besuchen möchte. Ich war einverstanden, und wir machten für den nächsten Tag einen Treffpunkt aus. Ich kam mir vor wie ein junges, unschuldiges Mädchen, das gerade in der Pubertät ist und zum ersten Mal die Liebe entdeckt.
Wie gesagt trafen Georg und ich uns nach der Arbeit. Wir setzten uns in ein Restaurant und stillten unseren Hunger, danach spazierten wir Hand in Hand unter einem klaren Sternenhimmel, nur der Vollmond fehlte. Die Zeit verging wie im Fluge, und ich war schon etwas müde. Georg fuhr mit mir zu einem Hotel und buchte ein Zimmer für mich. Wir betraten ein wunderschönes Zweibettzimmer, ausgestattet mit Dusche, WC und Kabelfernsehen. Georg setzte sich auf das Bett und sah sich einen spannenden Film an, während ich mich kurz abduschte. Ich wickelte mir ein großes Handtuch um, setzte mich zu Georg und wir sahen zusammen den Film fertig an. Mit fiel auf, daß er mich manchmal von oben bis unten musterte. Sobald der Film zu Ende war, dachte ich, daß Georg wieder gehen würde, aber das tat er nicht. Ich schlüpfte unter die Decke, und wir redeten noch ein Weilchen. Dann wurde es still. Keiner sagte mehr etwas. Wir sahen uns tief in die Augen, er streichelte mit seiner rechten Hand sanft über meine Wange und küßte mich. Er schlüpfte ebenfalls unter die Decke, zog sich aus und wir schliefen miteinander. Wir wachten aneinandergekuschelt an einem regnerischen Freitagmorgen auf. Georg fuhr ohne Frühstück schnell zur Arbeit und ich, ich fuhr selbstverständlich wieder nach Hause.

Zu Hause wartete und zählte ich ungeduldig die paar Stunden, bis Georg wieder nach Hause kam. Ich hatte nämlich einiges mit ihm am Wochenende vor.
Zur Ablenkung ging ich spazieren, und als ich zurückkam, traute ich meinen Augen nicht. Es war jemand in Georgs Wohnung. Sie war blond, jung und putzte seine Fenster. Sie war alleine, er war noch nicht da. Wer war sie? Hatte er doch eine Freundin und wollte mir davon nichts sagen, oder war sie jemand aus seiner Verwandtschaft? Fragen über Fragen und leider keine Antwort. Ich versuchte, Georg zu erreichen, aber sein Handy war ausgeschaltet. Alles was ich bis jetzt wußte, war, daß sie einen Schlüssel zu seiner Wohnung hatte, denn wie kam sie sonst hinein?
Ich war wütend, beobachtete sie die ganze Zeit und wartete, bis Georg nach Hause kam.
Endlich, eine halbe Stunde später, sah ich auch Georg. Sie unterhielten sich, aber sie küßten sich nicht, hielten nicht Händchen und umarmten sich auch nicht. Vielleicht war ja die ganze Aufregung umsonst. Wenn Georg eine Freundin hätte, würde er hoffentlich so fair sein und es mir sofort sagen.
Gegen Abend erhielt ich einen Anruf von Georg. Diesmal kam er mich in meiner Wohnung besuchen. Er gab mir einen Kuß und setzte sich auf die Couch. Ich stellte Kaffee auf und setzte mich zu ihm. Er legte seinen Arm um mich und sagte, daß ich ihm viel bedeuten würde, aber er erwähnte nichts von der Blondine, die vorher in seiner Wohnung war. Ich fragte ihn auch nicht nach ihr. Der Abend begann gerade so wundervoll, da wollte ich ihn nicht kaputtmachen, indem ich über andere Frauen redete. Wir sprachen gar nicht so viel, sondern kamen gleich zur Sache. Ich zog meine Bluse aus. Er knabberte an meinem rechten Ohrläppchen, küßte meinen Hals und öffnete meinen BH. Mit seinen warmen Händen streichelte er meine Brüste. Wir küßten und zogen uns gegenseitig aus, bis wir ganz nackt waren und schliefen auf der Couch miteinander. Ich dachte, daß er bei mir übernachten würde, doch das tat er nicht. Er schien es eilig zu haben, zog sich an, gab mir einen Kuß, meinte, daß er sich bald wieder bei mir melden wird – und ging.
Ich rief meine beste Freundin an und sprach mit ihr über Georg. Ihre Meinung über Georg war, daß er sicher ein sehr netter Mann

ist, aber ich hätte ihn erstens nach der Blondine fragen sollen und zweitens: „Warum ging er so schnell, nachdem ihr miteinander geschlafen hattet und blieb nicht über Nacht bei dir?"
Einerseits mußte ich ihr Recht geben. Ab jetzt hieß es etwas vorsichtiger zu sein.
Erst vier Tage später bekam ich wieder ein Lebenszeichen von Georg. Er schrieb mir eine Nachricht, die lautete: „Hallo, meine kleine Knuddelmaus, wie geht es dir?"
Ich rief ihn zurück. Seine Stimme klang etwas müde. Er schlug mir etwas vor, mit dem ich nie gerechnet hätte. Er wollte mit mir unter der Woche nach Wien fahren, ein bißchen bummeln und dann eine Runde mit dem Riesenrad fahren. Ich war sofort einverstanden. Da wir nach Wien fahren würden und uns dafür genug Zeit nehmen wollten, konnte Georg nur bis Mittag arbeiten. Wir trafen uns in seiner Wohnung. Er duschte, und ich kochte sein Lieblingsessen. Nach dem Essen fielen wir natürlich wieder einmal übereinander her.
Es war furchtbar, mit „furchtbar" meinte ich nicht den Sex, den wir miteinander hatten, sondern es war schon so weit gekommen, daß, sobald wir uns sahen, konnten wir immer, egal zu welcher Zeit oder an welchem Ort, miteinander schlafen. Und was diesen Fall betrifft, bin ich mir sicher, daß es etlichen Frauen und Männern genauso geht wie uns.
Georg meinte, daß er zwei Überraschungen für mich auf Lager hätte und verlangte von mir, daß ich vorausfahre und wir uns dann bei einem ausgemachten Platz treffen, ich mein Auto dort stehenlasse und wir gemeinsam mit seinem Auto nach Wien weiterfahren.
In Wien angekommen, bummelten wir herum. Danach spazierten wir auf den Rummelplatz und blieben bei einem Schießstand stehen. Georg wollte unbedingt einen Teddy für mich gewinnen, leider reichte es nicht für einen Teddy, aber über die Rose, die er für mich gewann, freute ich mich auch sehr. Zum Schluß fuhren wir noch eine Runde mit dem Riesenrad. Jeder, der mit dem Riesenrad mitfährt, wird fotografiert. Zur Erinnerung kaufte ich mir das Foto von uns. Nach einer Weile quälte uns Hunger, und wir kehrten in ein Gasthaus ein. Dann wollte ich eigentlich nach Hause fahren, aber Georg hatte ja noch zwei Überraschungen für mich. Die erste Überraschung war der Platz, von dem aus

wir ganz Wien sahen.
Der Anblick der Lichter der gesamten Stadt Wien bei Nacht war unglaublich schön. Mir wurde etwas kalt, und Georg gab mir seine Jacke, wie romantisch. Die zweite Überraschung war, daß Georg ein Hotelzimmer für uns gebucht und bezahlt hatte. Wir übernachteten dort und nach dem Frühstück fuhren wir wieder nach Hause. Das restliche Wochenende hörte ich überhaupt nichts mehr von ihm.
Obwohl er nicht da war, sah ich einfach so zu seiner Wohnung rüber, und da war sie schon wieder, diese Blondine.
Die zwei Tage, bis Georg wieder zu Hause war, wartete ich und stellte ihn dann zur Rede. Ich schrie ihn nicht an oder war laut, ich fragte ihn mit ganz ruhiger Stimme nach der Blondine. Er wurde sehr ernst und etwas nervös, sah mir direkt ins Gesicht und sagte: „Sarah, ich weiß, ich hätte es dir schon viel früher sagen sollen, aber ich konnte es nicht. Durch unsere Gespräche, die wir miteinander führten, alles was wir bisher erlebten, bauten sich in mir immer stärkere Gefühle für dich auf. Ich wollte es nicht zulassen, aber es passierte. Die Blonde, die du in meiner Wohnung gesehen hast, ist meine feste Freundin. Wir sind schon seit ein paar Monaten zusammen."
Der letzte Satz war eine Antwort, die ich eigentlich nicht hören wollte. Meine Augen füllten sich mit Tränen. Ich brachte zuerst kein Wort heraus, ich schätze, ich war zu sehr geschockt. Er wollte mich umarmen, ich stieß ihn weg. Verletzt und mit lauter Stimme fragte ich: „Was hast du dir dabei gedacht, was du mir und deiner Freundin damit antust, oder ist eine Doppelbeziehung zu führen ein so großer Spaß für dich? Wie lange hätte das alles deiner Meinung nach noch weitergehen sollen, ein paar Wochen, Monate, ein Jahr? Deine Freundin tut mir leid. Sie denkt genauso, wie ich vorher von dir dachte, daß du sie liebst und ihr treu bist. Leider bist du genauso wie die anderen. Jetzt verstehe ich, warum ich am Wochenende nie etwas von dir höre, du nicht bei mir übernachtet hast, sondern mit mir weiter weg in ein Hotel gegangen bist. Ich habe es wirklich ernst mit dir gemeint."
Georg fing an zu weinen, aber ich konnte seinen Anblick momentan nicht mehr ertragen und lief weg. Er ging bzw. rief nicht hinterher, er starrte von seinem Wohnzimmerfenster aus zu mir rüber.

Ich fühlte mich ausgenutzt und gedemütigt. Dann sah ich die Blondine wieder bei ihm. Sie umarmten und küßten sich. Sie sah so glücklich aus, sie glaubte wirklich, daß Georg der Mann wäre, den man heutzutage nur noch wie eine Nadel im Heuhaufen findet, ehrlich, liebevoll und treu. Der Anblick, wie sich gegenseitig abschmusten, war eine einzige Qual für mich. Haß und Wut stiegen in mir hoch. Am liebsten wäre ich rübergegangen und hätte ihr alles über Georg und mich erzählt. Beweise hatte ich durch seine Nachrichten und das Foto vom Riesenrad, doch ich konnte es nicht. Erstens kannte ich sie zwar nicht persönlich, aber aufgrund meiner Beobachtung dürfte sie sehr in ihn verliebt sein, und zweitens, wenn das alles an die Öffentlichkeit käme, würde ich sehr blöd dastehen. Durch Redereien können Menschen so grausam sein. Meistens wird zur Wahrheit mehr dazugedichtet und sie entwickelt sich immer mehr und mehr zu einer Lüge, was dann in etwa so klingt: „Du bist schuld, daß meine Beziehung am Ende ist, denn du hast sie zerstört, indem du meinen Freund verführt hast." Nur, daran sind immer noch zwei beteiligt. Es existiert ein ganz bestimmtes Wort, das Wort „NEIN". Aber wenn es um Sex geht, vergessen die meisten Männer auf einmal, daß sie eine Freundin haben bzw. verheiratet sind.

Zurück zu Georg und mir. Ich meldete mich eine Zeitlang nicht bei ihm. Dann bekam ich eines Tages überraschend einen Anruf von ihm. Er bat mich dringend darum, ihn zu treffen und mir anzuhören, was er mir zu sagen hätte. Ich gab ihm eine Chance und traf mich mit ihm am Wochenende, an einem Vormittag, in einem nahegelegenen Wald. Er sah fertig aus. Er entschuldigte sich, daß er mir nicht gleich die Wahrheit gesagt habe und erzählte mir, wann immer er eine feste Beziehung hatte, hätte er seine Freundin nie mit einer anderen betrogen. Er verstand es selbst nicht, warum er das jetzt tat. Ob ich ihm das abkaufte, blieb mir überlassen. Ich verlangte von ihm, ihr unser Verhältnis zu beichten, aber keinen Namen zu nennen, mit wem er sie betrogen hatte. Georg überlegte eine Weile und versprach es mir letztendlich.
Ein paar Tage darauf rief ich ihn am Abend an.
Meine erste Frage war natürlich, ob er es ihr schon gesagt hätte.

Er verneinte es, würde dies aber in der nächsten Zeit tun. Georg konnte es nicht lassen; er fragte mich, was für Unterwäsche ich jetzt anhätte und ob ich schon jemand anderen kennengelernt hätte. Ich wich seiner Frage aus, er war enttäuscht, aber das berührte mich nicht im geringsten.
Es war trotzdem eine sehr schwere Zeit für mich. Mich hatte es nämlich voll erwischt. Ich mußte jede freie Minute an ihn denken, auch an all die schönen Dinge, die wir gemeinsam erlebt hatten.
Die Frage war nur: Warum zögerte er so lange, ihr unser Verhältnis zu beichten? Sah er denn nicht, daß er mir damit irrsinnig weh tat, wenn er mit der Blondine vor meinen Augen herumschmuste?
Bei unserem nächsten Telefonat klärte Georg mich weiterhin über einiges auf. Er meinte, daß er mit seiner Freundin bis jetzt auch schon viel erlebt habe, mehr als mit mir, und er sie seinen Eltern vorgestellt hätte. Er wollte mir klarmachen, daß er sie nicht verlassen würde und mit ihr glücklich wäre. Und was war mit mir? Also war ich vorübergehend doch nur ein Abenteuer für ihn?
Ich war sehr wütend auf Georg und ließ es ihn manchmal spüren, indem ich mich eiskalt ihm gegenüber verhielt und ihn an die Nachrichten, die er mir geschrieben hatte, erinnerte.
Er hörte nicht auf mich anzurufen, mich zu fragen, was ich anhatte, ob ich jemand anderen kennengelernt hätte usw. Er wollte, obwohl er meinte, mit seiner Freundin glücklich zu sein, totale Kontrolle über mich. Er ließ mich einfach nicht los.
An einem Wochenende, gegen Abend, ließ ich meine Vorhänge länger offen. Ab und zu sah ich zu Georgs Wohnung. Es brannte kein Licht, also nahm ich an, daß er nicht da war. Ich bekam einen Anruf von ihm und er fragte mich, warum ich in meiner Wohnung so viel hin- und herginge. Ich fragte zurück, wo er sei und woher er das wisse. Er lachte und sagte, daß er mir schon die ganze Zeit zusehe und bat mich, zu ihm rüberzusehen. Es war stockfinster bei ihm. Nach ein paar Sekunden drehte er in seinem Wohnzimmer das Licht an. Er hatte mich die ganze Zeit über von seiner finsteren Wohnung aus beobachtet.
Am nächsten Morgen erhielt ich recht früh wieder einen Anruf von Georg. Er meinte: „Du bist gestern ganz schön früh schlafen gegangen."

Das stimmte, denn auch durch meine zugezogenen Vorhänge sah man, ob das Licht noch an war oder nicht. Er wollte sich wieder mit mir treffen, und ich sagte zu.
Ab jetzt nutzte ich jede Gelegenheit aus. Ich traf mich weiterhin mit ihm. Egal, ob es unter der Woche war oder am Wochenende. Apropos „Wochenende", sobald seine Freundin zur Arbeit fuhr, rief er mich an und ich ging zu seiner Wohnung rüber. Das, was ich sehr genoß, war, mit ihm in seinem Bett Sex zu haben, der Gedanke daran, daß er ein paar Stunden später mit seiner Freundin im selben Bett schläft, war nicht schlecht...
Jedesmal, wenn wir miteinander schliefen, sagte er: „Das war aber jetzt das letzte Mal. Es muß aufhören, so kann's nicht mehr weitergehen. Ich habe schon ein so schlechtes Gewissen meiner Freundin gegenüber. Immer, wenn wir in der letzten Zeit Sex haben, sehe ich sie auf einmal vor mir."
Genau auf das war ich ja aus, ein schlechtes Gewissen sollte er haben, er sollte sich quälen, das war meine Art von Rache.
Leider sind Worte manchmal sinnlos. Wir trafen uns immer wieder und landeten im Bett. Er verlangte von mir, daß ich seine Nachrichten, die er mir geschrieben hatte, lösche. Bis jetzt tat ich es noch nicht. Wieso sollte ich? Er spielte auch nur mit mir bzw. mit meinen Gefühlen herum.
Heute haben wir wenigstens keine sexuelle Beziehung mehr, sondern nur noch eine normale Freundschaft. In Freundschaft blieb ich deshalb mit ihm, weil ich neugierig bin und sicher nachverfolgen werde, ob diese Beziehung bestehen bleibt.
Auf jeden Fall weiß ich, daß, wenn seine jetzige Beziehung zerbrechen würde und er wieder alleine wäre, ich sicherlich keine Beziehung mit ihm eingehen würde.

Der Reinfall

Ich heiße Sonja und bin gerade fünfzehn Jahre alt geworden. Ich wohne bei meinen Eltern und brauche noch drei Jahre für meinen Schulabschluß, um studieren zu können. Mein Traumberuf ist es, nach der Matura Medizin zu studieren und Ärztin zu werden. Doch leider muß ich meinen Traumberuf für längere Zeit an den Nagel hängen, und warum das so ist, werde ich euch jetzt erzählen.

Es begann alles im Sommer. Die Schule war gerade zu Ende, und ab jetzt hieß es, jeden heißen Tag zu nutzen und ins Freibad zu gehen. Wenn meine Freundin zum Schwimmen nicht mitgehen konnte, fuhr ich entweder mit meinen Eltern oder auch alleine. Geschwister habe ich leider keine. Mit meinen Eltern verstand ich mich sehr gut. Meine Mutter gab mir das Gefühl, nicht nur meine Mutter, sondern auch eine Freundin zu sein. Wenn ich mal Probleme hatte, egal welche, konnte ich jederzeit zu ihr gehen und sie mit ihr besprechen. Ich schätzte das sehr, denn ich glaube nicht, daß es sehr viele Mädchen meines Alters gibt, die sich mit ihren Eltern genauso gut verstehen wie ich. Diesbezüglich hatte ich Glück. Der einzige Punkt, der mich an meinen Eltern störte, war, daß ich abends nur bis Mitternacht Ausgang hatte. Meine Schulkameraden durften länger weggehen.

Einen Freund hatte ich auch nicht.

Meine Freundin, ihr Freund und ich gingen jeden Tag ins Schwimmbad und abends, an den Wochenenden, auf Feste oder auf sonst irgendwelche Veranstaltungen, die gerade waren. Manchmal fühlte ich mich wie das fünfte Rad am Wagen und hing nicht immer mit ihnen zusammen. Sie wollten gerne manchmal alleine sein, und das verstand ich sehr gut, deswegen machte es mir nichts aus, wenn ich alleine ins Freibad fuhr oder abends wegging.

Einen Abend werde ich nie vergessen, und zwar der Abend, an dem ich Thomas kennenlernte; und das war der größte Fehler meines Lebens. An diesem Abend ging ich alleine in ein Café, saß alleine an einem Tisch und las eine Zeitschrift. Manchmal blickte ich auf und sah in die Menschenmenge. Vielleicht entdecke ich doch noch eine Bekannte, um nicht den ganzen Abend

alleine rumzuhängen. Mit der Zeit bemerkte ich, daß schräg gegenüber von mir ein junger Mann saß, der auch alleine Kaffee trank und versuchte, mit mir in Blickkontakt zu treten.
Ich hasse so etwas, wenn ich nur beobachtet werde und nichts dabei geschieht. Wenn er mich kennenlernen will, soll er doch seinen Hintern zu mir rüberbewegen und mit mir ein Gespräch anfangen! Außer er ist sehr schüchtern.
Die Kellnerin brachte mir überraschend noch einmal dasselbe Getränk, das ich vorher schon hatte. Da ich nichts mehr bestellt hatte, wollte ich es ablehnen, aber sie sagte mir leise, daß der junge Mann, der schräg gegenüber von mir saß, es mir spendiert habe. Ich hob mein Glas und bedankte mich lächelnd bei ihm für das Getränk. Er lächelte zurück und „fragte" mit seinen Händen, ob er sich zu mir setzen dürfte. Ich nickte natürlich – und er kam rüber. Er setzte sich mir gegenüber.
Er stellte sich höflich vor: „Ich heiße Thomas und bin neunzehn, und du?"
Ich antwortete: „Ich heiße Sarah und bin fünfzehn."
Seinem Gesichtsausdruck nach störte es ihm überhaupt nicht, daß ich noch so jung war. Er fragte gleich weiter, wo ich wohne und ob ich schon einen festen Freund hätte. Er war erleichtert, als er hörte, daß ich noch alleine war. Er hatte auch noch keine Freundin und wohnt alleine in einer kleinen Mietwohnung. Wir unterhielten uns prächtig. Ich bemerkte, wie einige Frauen versuchten, seine Aufmerksamkeit auf sich zu lenken, aber er reagierte nicht. Das machte mich stolz, denn sein Interesse galt nur mir. Leider mußte ich ihm sagen, daß ich nur bis zu einer gewissen Zeit Ausgang hatte. Das war mir so peinlich. Er war volljährig und konnte so lange ausgehen, wie er nur wollte, tun und lassen, was er wollte, und ich, ich hatte Zeitlimit und mußte meinen Eltern Rechenschaft ablegen, wo und mit wem ich ausgehe und was ich mache.
Für ihn war das kein Problem, daß ich nur bis zu einer bestimmten Zeit Ausgang hatte. Thomas war so nett und fuhr mich um Mitternacht mit seinem Auto nach Hause. Ich bat ihn, nicht direkt vor dem Haus stehenzubleiben. Er gab mir seine Handynummer und ich ihm meine Festnetznummer. Wir verabschiedeten uns mit einem flüchtigen Kuß.
Am nächsten Morgen wachte ich mit einem wunderbaren Ge-

fühl auf. Ich mußte die ganze Zeit an den gestrigen Abend denken und lächelte, ohne es selbst richtig zu bemerken, einfach so vor mich hin. Meine Mutter brauchte mich gar nicht so lange zu beobachten und sie wußte schon, was los war. Sie fragte mich, ob ich gestern abend jemanden kennengelernt hätte, denn nur dann strahle und lache man so vor sich hin. Ich erzählte ihr, wie ich gestern Abend Thomas kennenlernte. Als sie das Alter von Thomas hörte, verzog sie ein klein wenig das Gesicht, ansonsten war sie, meiner Erzählung nach, von ihm gar nicht abgeneigt. Gegen Abend erzählte sie meinem Vater von Thomas, und sie gaben mir die Erlaubnis, ihn weiterhin zu treffen.
Zwei Tage später erhielt ich endlich einen Anruf von Thomas. Er war nett und erkundigte sich, wie es mir gehe. Wir vereinbarten für den nächsten Nachmittag einen Treffpunkt. Mit dem Wetter hatten wir Glück, es war ein warmer, sonniger Tag. Wir spazierten Hand in Hand an einem Waldrand entlang, und er zeigte mir ein paar Pilze. Ich nahm ein paar eßbare Pilze mit. Danach setzten wir uns in ein Café. Dort trafen wir überraschend auch meine Freundin mit ihrem Freund. Ich stellte alle einander vor und wir setzten uns zu ihnen an den Tisch. Thomas legte seinen Arm um mich und küßte mich manchmal am Ohr. Ich war froh, daß der Nachmittag so gut verlief. Thomas und ich, wir paßten sehr gut zusammen, und mit meinen Freunden verstand er sich auch recht gut. Draußen wurde es schon langsam dunkel, und ich wollte mit Thomas noch in der Stadt bummeln gehen. Wir verabschiedeten uns von meinen Freunden und gingen. Thomas kaufte mir einen großen Teddybären, den wir in einer Auslage sahen. Danach begleitete er mich nach Hause. Vor der Haustür bekam ich von Thomas zum ersten Mal einen richtigen Kuß. Ich schwebte im siebten Himmel. Er war genauso, wie ich mir den richtigen Partner fürs Leben vorstellte. Er war sehr höflich, versuchte mich nicht gleich ins Bett zu kriegen und benahm sich wie ein richtiger Gentleman.
Am nächsten Morgen frühstückten meine Mutter und ich alleine. Mein Vater war schon bei der Arbeit. Ich erzählte meiner Mutter vom gestrigen Nachmittag und zeigte ihr den Teddybären. Sie freute sich für mich. Sie bat mich, ihr Thomas einmal vorzustellen. Meine Mutter wollte noch einiges mit mir besprechen, doch wir wurden durch einen Besuch von meiner Freundin unterbrochen.

Ich nahm mein Frühstück, und meine Freundin und ich verzogen uns in mein Zimmer. Sie wollte jede Einzelheit wissen, wie ich Thomas kennenlernte, bis zum gestrigen Abend. Sie sah und hörte aus meinen Erzählungen heraus, wie sehr ich mich in Thomas verliebt hatte. Sie freute sich irrsinnig für mich. Er war mein erster richtiger Freund. Allerdings hatten Thomas und meine Freundin eines gemeinsam, und zwar das Handy, sie hatten beide dasselbe Handy.

Es war Abend und ich wollte unbedingt Thomas' Stimme hören und rief ihn an. Im Hintergrund hörte ich laute Musik. Er meinte, er wäre mit ein paar Freunden unterwegs, was trinken. Ich fragte ihn, ob er mit mir am Wochenende ins Kino gehen möchte. Er war einverstanden und sagte mir, daß er mich um 19.00 Uhr abholt.
Pünktlich um 19.00 Uhr stand Thomas vor der Tür. Er wartete draußen in seinem Auto und hupte einmal. Da meine Mutter ihn kennenlernen wollte, lief ich raus und bat ihn mit reinzukommen. Er zögerte ein wenig, ganz einverstanden war er nicht damit, aber ich konnte ihn mit viel Bitten doch noch dazu überreden, meine Eltern kennenzulernen. Thomas benahm sich sehr höflich. Meine Eltern befragten ihn mit den alltäglichen Fragen. Zwischendurch machte meine Mutter einmal einen ernsten Gesichtsausdruck. Thomas und ich fuhren nach ca. einer halben Stunde dann endlich ins Kino. Wir sahen uns eine Komödie an und danach gingen wir noch auf ein Eis. Wir fütterten uns gegenseitig mit dem Eis und diskutierten über den Kinofilm. Nach dem Eis fuhr Thomas auf einen Berg hinauf. Wir blieben im Auto sitzen und sahen auf die Lichter der Stadt hinunter. Wir küßten uns, und währenddessen streichelte Thomas meine Beine. Ich wollte das aber nicht, ich sah es schon vor mir, wie weit das alles führen würde, und ehrlich gesagt war ich dazu noch nicht bereit, deshalb schob ich seine Hand weg und sagte ihm, daß ich noch nicht bereit dazu wäre. Er meinte zwar, daß er es akzeptiert, versuchte es aber beim nächsten Kuß nochmal. Ich schob wieder seine Hand weg und er war etwas eingeschnappt.
Er fragte mich: „Wir sind schon zwei Monate zusammen. Wie lange wirst du brauchen, um dich zu überwinden, mit mir zu schlafen?"

Ich antwortete: „Bitte, bedränge mich nicht. Ich bin noch Jungfrau, und der Sex mit dir wäre für mich das erste Mal. Mein erstes Mal möchte ich mit dir auf keinen Fall im Auto tun, sondern in einem kuscheligen warmen Bett und in einer etwas romantischeren Atmosphäre."
Thomas staunte darüber, daß ich noch nie mit jemandem Sex hatte, das gefiel ihm. Mit meiner Antwort war er einverstanden, versprach mir, mich nicht mehr zu bedrängen, gab mir einen Kuß und fuhr mich dann nach Hause.
Zu Hause wartete meine Mutter auf mich, mein Vater schlief schon. Ich fragte sie, was für eine Meinung sie von Thomas hatte. Er machte auf sie einen positiven Eindruck. Es störte sie nur ein bißchen, daß er zu nett war und so tat, als ob er nie Fehler machen würde, als ob er perfekt wäre. Das war eigentlich schon die ganze Unterhaltung, und ich ging zu Bett.
Am nächsten Tag bekam ich gegen Mittag einen Anruf von meiner Freundin. Sie erzählte mir, daß ihr Freund gestern geschäftlich weiter weg unterwegs war und Thomas am Abend im selben Gasthaus wie er saß. Thomas sah ihn aber nicht, weil er versteckt hinter ihm saß. Thomas war nicht alleine, sondern mit einer anderen, einer Dunkelhaarigen, zusammen. Manchmal hielt er ihre Hand.
Als ich das hörte, brach für mich eine Welt zusammen. Ich beendete unser Gespräch und rief Thomas an. Ich fragte ihn nach der Anderen, mit der er gestern Abend gesehen wurde. Er versuchte, mich zu beruhigen und gab mir zur Antwort, daß das gestern seine Schwester gewesen wäre. Ihre Hand hielt er ihr manchmal, weil sie von ihrem Freund verlassen wurde und sie das ziemlich fertig machte. Ich glaubte ihm und entschuldigte mich, daß ich ihm so mißtraute.
Wir trafen uns noch am selben Abend und fuhren zu einem Fest. Es war irrsinnig lustig. Wir tanzten, tranken und amüsierten uns mit ein paar seiner Freunde. Von den Getränken her hatte ich leider etwas zu viel Alkohol erwischt und war ziemlich angeheitert. Nach einer Weile gingen Thomas und ich in seine Wohnung. Da ich zuviel getrunken hatte, war mir sehr schwindlig und ich setzte mich auf sein Bett. Er gab mir einen Kaffee und setzte sich neben mich. Er lachte ein wenig und meinte, daß ich süß wäre, wenn ich betrunken bin. Thomas legte seinen Arm um mich, zog

mich zu sich hin und küßte mich. Wir zogen uns gegenseitig aus und schliefen miteinander.

Kurz vor Mitternacht wurde ich wach und Thomas fuhr mich schnell nach Hause. Ich legte mich gleich ins Bett und wälzte mich hin und her. Ich konnte einfach nicht einschlafen, mir schossen lauter Fragen durch den Kopf. Fragen wie: warum habe ich nur so viel getrunken und betrunken mit Thomas geschlafen? So hatte ich mir mein erstes Mal nicht vorgestellt, ich bekam ja fast nichts mit. Hoffentlich hatte er daran gedacht, zu verhüten und ein Kondom zu benutzen. Über das Thema „Verhütung" hatten wir bis jetzt leider nie gesprochen. Er fragte mich nie danach, ob ich die Pille nehme.

Es war Sonntag, und ich stand etwas später als sonst auf. Meine Mutter fragte mich, ob ich krank wäre, denn ich würde aussehen, als hätte ich ein paar Tage nicht geschlafen. Ich wußte, daß ich mit meiner Mutter über alles reden konnte, aber momentan war ich zum ersten Mal in einer Situation, in der ich keine Lust dazu hatte, mit ihr über mein jetziges Problem zu reden, sondern eher mit meiner Freundin. Am Nachmittag besuchte ich meine Freundin und wir verkrochen uns in ihr Zimmer, schalteten nur rein zur Vorsicht, damit uns niemand zuhören konnte, das Radio an. Ich erzählte ihr, was gestern passierte und vor was ich jetzt Angst hatte. Wir gingen schnell in eine Drogerie und kauften einen Schwangerschaftstest. Bei meiner Freundin zuhause öffneten wir schnell den Test, und darauf stand, daß man den Test erst am Tag des Ausbleibens der Periode machen konnte, also mußte ich noch ca. fünfzehn Tage warten.

Sie meinte: „Fahr zu Thomas und sprich mit ihm darüber, es betrifft ja immerhin euch beide. Und bevor du dich überhaupt nervlich fertig machst, solltest du ihn fragen, ob er ein Kondom benutzt hat."

Das klang vernünftig. Ich rief Thomas an und wir trafen uns am späteren Nachmittag in seiner Wohnung. Wir führten zum ersten Mal ein sehr ernstes Gespräch miteinander, natürlich handelte es sich auch um ein ernstes Thema. Er benutzte leider kein Kondom, er verließ sich ganz auf mich und dachte, daß ich die Pille nehme. Da mußte ich Thomas sehr enttäuschen, indem ich ihm ins Gesicht sagte, daß ich die Pille nicht nehme. Wir rechneten in seinem Kalender nochmal genau nach, in welcher Zeit ich

mich befand. Dabei kam heraus, daß ich gerade noch in der gefährlichen Zeit war. Er wurde ganz blaß im Gesicht und ließ den Kalender zu Boden fallen. Eine Zeitlang starrte er zu Boden und meinte dann ziemlich fertig: „Wie konnte ich nur so leichtsinnig sein und ohne Verhütung mit dir schlafen, das ist mir noch nie passiert. Das kommt davon, weil ich unbedingt mit dir schlafen wollte. Wie soll es jetzt nur weitergehn? Es bestehen zwar wenig Chancen, aber wir können nur hoffen, daß du nicht schwanger bist."
Ich wollte Thomas umarmen, aber er wich mir aus. Er war völlig fertig mit den Nerven, er wollte allein sein und bat mich zu gehen. Ich war genauso traurig und am Boden zerstört wie er und heulte mir zu Hause in meinem Bett die Augen aus.
In den nächsten Tagen versuchte ich, Thomas per Handy zu erreichen, aber es war immer ausgeschaltet. Ich fuhr oft genug zu seiner Wohnung, auch hier öffnete er die Tür nicht. Er war wie vom Erdboden verschluckt, spurlos verschwunden.
Und so verging ein Tag nach dem anderen, bis nun endlich der Tag der Wahrheit da war. Unverhofft bekam ich in der Früh einen Anruf von Thomas. Zuerst fragte ich natürlich nach, wo er sei. Er sagte, er hätte Ruhe und Zeit zum Nachdenken gebraucht und wäre in die Berge gefahren. Er verlangte von mir, am Vormittag zu ihm in die Wohnung zu kommen, um gemeinsam den Schwangerschaftstest zu machen. Als ich das hörte, war ich so froh und eilte mit dem Fahrrad zu ihm. Drei Minuten mußten wir warten, bis wir das endgültige Testergebnis hatten. Ich saß auf dem Boden und spielte nervös mit meinen Fingern, Thomas ging unentwegt hin und her und betete nebenbei, daß der Test negativ sei. Sowie die drei Minuten um waren, sahen wir uns das Testergebnis an, es war positiv, ich war schwanger. Thomas umarmte mich und hielt mich ganz fest. Er meinte, daß er in den Bergen genug Zeit zum Nachdenken hatte, und falls ich schwanger wäre, er mich nicht im Stich ließe. Er war auch gegen eine Abtreibung. Mir fiel ein Stein vom Herzen. Momentan dachte ich aber auch gerade an meine Eltern. Wie sollte ich ihnen nur beibringen, daß ich schwanger war? Wie würden sie wohl darauf reagieren? Würden sie sehr enttäuscht von mir sein?
Thomas schlug mir vor, noch etwas zu warten, ich hätte noch etwas Zeit, bis es jeder wüßte, die ersten paar Wochen sähe man

noch nicht, daß ich ein Kind erwarte. Fürs Erste war das mal eine gute Idee.
Aber mit irgendjemandem mußte ich trotzdem darüber reden, also fuhr ich zu meiner Freundin, der ich eigentlich als Erste mein Problem anvertraute und die schon ganz neugierig auf das Ergebnis wartete. Als ich ihr sagte, daß ich schwanger bin, schüttelte sie den Kopf hin und her und riet mir, es mir gut zu überlegen, das Baby zu behalten oder es abzutreiben. Ich wäre noch so jung, habe noch keine Ausbildung und müßte für einige Zeit viel zurückstecken, falls ich das Baby behalte. Sie fragte natürlich noch, wie Thomas reagierte. Ich erzählte ihr, daß er in die Berge gefahren wäre und gut nachgedacht hätte und sich dafür entschieden hat, mich nicht hängen zu lassen. Meine Freundin verzog das Gesicht und es störte sie sehr, als sie hörte, daß Thomas mich gebeten hatte, meine Schwangerschaft eine Zeitlang zu verheimlichen.
Zu Hause dachte ich noch ein wenig über die Worte meiner Freundin nach, aber was soll's, Hauptsache, Thomas hält zu mir. Ich rief ihn an und wir verabredeten uns für den nächsten Nachmittag zu einem Ausflug. Zum Glück spielte das Wetter mit, es war ein herrlicher, sonniger, warmer Tag. Thomas fuhr mit mir in die Berge zu einem kleinen See. Er hatte einen Picknickkorb dabei. Ich breitete eine große Decke aus, wir setzten uns drauf und fütterten uns gegenseitig mit Obst. Manchmal streichelte er meinen Bauch und fragte mich, ob ich schon einiges fürs Baby eingekauft habe. Ich verneinte. Er versprach mir, in den nächsten Tagen gemeinsam mit mir Kleidung und Spielsachen fürs Baby zu kaufen. Leider zogen Wolken auf und wir mußten nach Hause fahren. Auf der Heimfahrt fragte Thomas mich, ob ich irgendjemandem von meiner Schwangerschaft erzählt habe. Ich war ehrlich und aufrichtig zu ihm und gab zu, meiner Freundin alles erzählt zu haben.
Er wurde auf einmal zornig und meinte aufbrausend: „Hatten wir nicht vereinbart, die Schwangerschaft noch eine Zeitlang geheim zu halten? Was hast du dir eigentlich dabei gedacht, oder hast du kein Hirn zum Denken und das zu behalten, was man zu dir sagt? Ich hoffe, deine Freundin ist keine Tratsche."
Als ich das hörte, traute ich meinen Ohren nicht. Ich hoffte, daß das, was er gerade sagte und wie er sich mir gegenüber benahm,

nur ein schlechter Scherz war. Aber da täuschte ich mich gewaltig, es war kein Scherz. Das bekam ich zu spüren, indem er auf der restlichen Heimfahrt kein Wort mehr mit mir sprach und mir keinen Kuß gab, als ich vor der Haustür ausstieg.
Am nächsten Tag versuchte ich, Thomas zu erreichen, aber vergebens. Ich probierte des öfteren, ihn, einen Tag nach dem anderen, zu erreichen, aber nichts.
Knapp eine Woche nach unserem Ausflug und unserem Streit hörte ich wieder etwas von Thomas. Er sagte, er wollte etwas Abstand haben und wäre zu seiner Schwester, die ein paar Stunden von hier entfernt wohnt, gefahren. Er hätte dort in der Ortschaft, wo seine Schwester wohnt, Babywäsche gekauft und sie mir mitgebracht. Das fand ich nett von ihm.
Wir trafen uns am Abend in seiner Wohnung. Er lief schnell zum Auto runter und holte die Babywäsche, vergaß dabei, sein Handy mitzunehmen. Normalerweise hatte er es immer bei sich. Diese Gelegenheit nutzte ich aus und sah die Telefonnummern durch, die er auf seinem Handy gespeichert hatte. Es waren viele Männer- und zwei Frauennamen gespeichert. Die Nummern und die Namen der zwei Frauen schrieb ich mir schnell auf einen Zettel und steckte ihn ein. Gerade, als ich den Zettel einsteckte, kam Thomas mit der Babywäsche herein. Wir sahen die Wäsche durch, und er war die ganze Zeit nett zu mir.
Es verging eine Woche nach der anderen, und man konnte bei mir schon einen kleinen Bauch sehen.
Eines Abends führte meine Mutter ein sehr ernstes Gespräch mit mir. Sie meinte, daß sie in den letzten Wochen einige Veränderungen an mir feststellte. Sie bat mich, ihr zu vertrauen und bei der Wahrheit zu bleiben. Dann stellte sie mir genau die Frage, vor der ich Angst hatte: „Bist du schwanger?"
Ich konnte meiner Mutter nicht ins Gesicht sehen, ich schämte mich, aber ich hatte keine andere Wahl, ich mußte ihr sagen, daß ich schwanger bin.
Die Augen meiner Mutter füllten sich mit Tränen und sie war zornig. „Im wievielten Monat bist du schon?"
Ich antwortete: „Ende dritten Monats."
Darauf meinte meine Mutter, daß es für eine Abtreibung schon zu spät wäre. Sie fragte mich, wie Thomas zu dem Kind steht. Ich erzählte ihr, wie er bis jetzt reagierte. Meine Mutter war von

Thomas sehr enttäuscht, sie hielt ihn, allein weil er schon älter war, für verantwortungsbewußter.

Sie verletzte mich, indem sie mich anschrie: „Wie konntest du nur so dumm und so leichtsinnig sein! In der Schule lernst du so gut, ich hielt dich für intelligenter und habe dir vertraut. Wieso bist du denn nicht zu mir gekommen und hast mit mir gesprochen? Du weißt, du kannst über alles mit mir reden."

Langsam beruhigte meine Mutter sich wieder und bot mir ihre Hilfe an, sie sagte mir, egal was passiere, sie würde mich nicht im Stich lassen, sie wolle mir überall helfen, wo es nur gehe, nebenbei auf mein Kind aufpassen, damit ich die Schule fertig machen und nachher arbeiten gehen könne. Sie hoffte trotzdem für mich, daß Thomas weiterhin zu mir steht, wenn es bekannt wird, daß ich ein Kind von ihm erwarte.

Je mehr mein Bauch wuchs, umso mehr tuschelten die Leute in der Ortschaft über mich.

Ich traf mich wieder mit meiner Freundin in einem Café. Sie wollte mir unbedingt etwas sehr wichtiges mitteilen. Sie erzählte mir, daß Thomas überall abstreiten würde, daß er der Vater meines Kindes wäre. Ich rief ihn sofort an und fragte ihn, ob es stimmte, daß er überall abstreite, daß ich von ihm schwanger bin.

Er war sehr gemein zu mir und gab mir zur Antwort: „Ja, sicher streite ich es ab, wer weiß, vielleicht hast du mich betrogen, während ich weg war", und legte auf.

Ich lief aus dem Café und heulte mir die Augen aus. Meine Freundin rannte mir nach und tröstete mich. Ich wollte am liebsten von einer Brücke springen, aber meine Freundin hielt mich davon ab. Ich zog ein Taschentuch aus der Hose, und dabei fiel mir der Zettel mit den beiden Namen und Telefonnummern der Frauen, die Thomas in seinem Handy gespeichert hatte, in die Hände. Ich war momentan nicht in der Verfassung, die zwei Nummern anzurufen, deshalb war meine Freundin so nett und tat es für mich.

Ich bekam von ihr eine sehr schlechte Nachricht. Beide Frauen meinten, sie wären die feste Freundin von Thomas. Die eine wohnt sehr weit weg von hier und die andere irgendwo in den Bergen.

Also hatte Thomas, mich mit eingerechnet, insgesamt drei Beziehungen.

Thomas entfernte sich immer mehr und mehr von mir, bis er letztendlich die Wohnung hier aufgab und wegzog.

Jetzt wußte ich, warum er mich nie seinen Eltern vorstellte, die Babywäsche in einer weiter entfernten Ortschaft kaufte, sich mit mir meistens in seiner Wohnung traf und alleine in die Berge fuhr.

Ich war froh, daß ich so verständnisvolle Eltern habe und sie mir helfen würden, wo sie nur konnten, denn ohne sie hätte ich das alles wahrscheinlich nicht überlebt.

Der Rückfall

Ich heiße Laureen und bin 25 Jahre alt. Ich wohne alleine in einer geförderten Mitwohnung.
Ich hatte gerade mit meinem Freund, nach einer dreijährigen Beziehung, Schluß gemacht und wollte von den Männern momentan meine Ruhe haben.
Alleinsein tut auch gut, man muß nicht immer unbedingt eine Partnerschaft haben. Durch das Alleinesein lernte ich, in allen Dingen selbständiger zu werden. Ich bemerkte auch, wenn ich abends, an den Wochenenden, mit meinen Freunden wegging, daß viele Männer versuchten, mich anzumachen, aber ich ließ sie alle abblitzen. Somit wußte ich, wie attraktiv ich noch bin und bekam dadurch immer mehr Selbstbewußtsein.
Ich genoß das Alleinsein so richtig. Mir machte es Spaß, wenn ich beim Einkaufen war, nicht immer auf die Uhr zu sehen und nervös zu werden, falls ich mal nicht pünktlich zu Hause bin und das Essen bereit steht, wenn der Partner von der Arbeit kommt. Ich hatte freie Gedanken und nicht solche Gedanken wie früher, als ich noch einen Partner hatte, Gedanken bzw. Fragen wie zum Beispiel: „Hoffentlich bescheißt er mich nicht mal, schmeckt ihm das Essen, das ich für ihn koche? Fällt ihm mein neues Kleid auf? Bin ich immer attraktiv genug für ihn?"
Die Beziehung mit meinem damaligen Ex-Freund wurde für mich und auch für ihn mit der Zeit langweilig. Wir stritten uns von Tag zu Tag immer häufiger, machten uns gegenseitig eifersüchtig, unternahmen nichts mehr und wenn, dann getrennt. Ich war sehr froh und erleichtert, als diese Beziehung beendet wurde.
Wie gesagt, ich lebte mein Leben richtig aus.
Und dann, von Tag zu Tag, wurde die Sehnsucht nach einer Partnerschaft immer größer. Überall, wo ich hinkam, egal ob es beim Einkaufen war oder im Park, ich sah lauter glückliche Pärchen. An einem Samstag Nachmittag fuhr ich alleine ins Freibad. Ich schwamm ein paar Runden und ging hinterher in ein Restaurant. Es war ziemlich viel los. Trotz der Menschenmenge fiel mir ein junger Mann besonders auf. Mit „besonders auffallen" meine ich nicht in der Hinsicht, daß er sich auffällig benahm, indem er mit jemandem stritt oder Frauen, die bei ihm vorbeigingen,

blöd anmachte, so wie es viele Männer tun, nein, er fiel mir besonders von meinem Gefühl aus auf, er zog mich an wie ein Magnet. Ich setzte mich, weiter weg, alleine an einen Tisch und beobachtete ihn eine Zeitlang. Er saß mit ein paar Männern an einem Tisch, unterhielt sich und alberte mit ihnen herum, aber eine Frau kam nie auf ihn zu, also nahm ich an, daß er in keiner Beziehung lebt. Er nahm sein Tablett, stellte es in die Ablage und ging. Die Typen, mit denen er gerade vorher noch zusammen saß, blieben sitzen. Diese Gelegenheit nutzte ich aus, ging zu seinen Freunden rüber und fragte bei einem von denen nach der Telefonnummer von dem Typen, der gerade wegging. Der, bei dem ich nachfragte, lächelte, sagte, daß er keine Freundin hätte und fragte mich, warum ich nicht vorher, wie er noch da war, zu ihm rüberkam. Ich beantwortete seine Frage nicht, ich verlangte nochmal seine Nummer. Er gab mir die Handynummer seines Freundes und auch seinen Namen, der „Gerhard" lautete.
Ich rief Gerhard am Abend an. Er war sehr nett, er wunderte sich, er sagte mir, daß er so etwas noch nie erlebt hätte, daß ihn eine fremde Frau einfach so anrief. Das war ziemlich mutig von mir. Für mich war das ja auch das erste Mal, daß ich je einen fremden Mann angerufen habe. Wir verabredeten uns für den nächsten Abend auf einen Kaffee.
Am nächsten Morgen fing es an und ging den ganzen Tag über, ich mußte immer wieder an Gerhard denken. Meinen Arbeitskollegen konnte ich nichts vormachen, sie bemerkten, daß ich ganz anders war als sonst, fröhlicher, etwas durcheinander. Der Tag verging sehr schnell, und endlich war es so weit. Ich fuhr zu unserem Treffpunkt. Gerhard kam früher und wartete schon auf mich. Er bestellte für sich einen Kaffee und für mich einen Tee. Unsere Unterhaltung verlief recht gut. Zuerst erzählte ich ihm einiges von mir und dann er einiges von sich. Leider redete er zuviel von seiner Ex-Freundin. Obwohl es schon über ein Jahr her war, daß sie mit ihm Schluß machte, redete er über diese Beziehung, als sei sie erst gestern beendet worden. Er sagte mir, daß er sie sehr geliebt hätte und seit er sie durch einen anderen Mann verlor, er keine Verabredung mehr hatte. Ich wollte natürlich wissen, warum er sich mit mir verabredet hatte.
Er meinte: „Erstens, aus Neugierde und zweitens möchte ich nicht mehr alleine sein." Er begleitete mich zu meinem Auto, küßte

mich und bat mich, falls ich Lust habe, ihn wieder zu kontaktieren.
Auf der Heimfahrt dachte ich nochmal über die Unterhaltung zwischen Gerhard und mir nach. Es war wie ein Traum, ich wollte unbedingt wieder jemanden kennenlernen bzw. eine Partnerschaft, und schon lernte ich Gerhard kennen.
Was ich von meiner Freundin her weiß, klappt so etwas nicht immer gleich. Sie war einmal in derselben Situation wie ich, sie wollte unbedingt jemanden kennenlernen. Ich ging mit ihr in etliche Discotheken und Cafés, aber leider kam ihr nie einer unter, der ihr gefiel. Nach einiger Zeit gab sie den Wunsch auf, und zwei Monate später lernte sie einen sehr netten, jungen, attraktiven Mann kennen, mit dem sie heute ein Kind hat und glücklich zusammenlebt.
Zurück zu Gerhard und mir. Vom seinen Aussehen her war er genau mein Typ und sehr sympathisch.
So verging ein Tag nach dem anderen. Gerhard und ich trafen uns immer häufiger. Nach zwei Wochen übernachtete er schon bei mir und nach der dritten Woche unterhielten wir uns über eine ernste Angelegenheit. Gerhard schlug mir vor, da wir uns sehr gut verstünden und wir sehr gut zusammenpaßten, zusammenzuziehen. Ich dachte gar nicht lange darüber nach, ich liebte ihn und war mit seinem Vorschlag gleich einverstanden. Gerhard gab seine Wohnung auf und zog in meine Wohnung ein.
Als meine Eltern davon erfuhren, waren sie gar nicht begeistert. Sie meinten, in dieser Zeit lerne man sich erst kennen, aber ich sei erwachsen und müßte wissen, was ich tue.
Es passierte alles genauso, wie ich es mir vorstellte, Gerhard zahlte die Hälfte der Miete, half mir bei der Hausarbeit und beim Sex paßte auch alles.
Es vergingen Wochen, und ich erlebte mit Gerhard eine wunderbare Zeit. Wir waren erst drei Monate zusammen, und ich bemerkte, wie sich einiges in unserer Beziehung änderte. Wir unternahmen gemeinsam nicht mehr so viel wie vorher. Gerhard war nicht nur sehr eifersüchtig, sondern redete manchmal wirres Zeug. Zum Beispiel fragte er mich eines Tages, ob ich Wanzen in meiner Wohnung versteckt hätte und ihn abhören ließe.
Daraufhin fuhr ich alleine zu Gerhards Eltern und sprach mit ihnen über Gerhard. Ich sagte ihnen, daß er manchmal wirres

Zeug daherredete und mir das etwas Angst mache. Seine Eltern bekamen einen ernsten und gleichzeitig sorgenvollen Blick. Sie erzählten mir, daß Gerhard kurz nach der Trennung mit seiner damaligen Freundin für fünf Wochen, vom Hausarzt aus, in eine Nervenklinik eingewiesen wurde. Gerhard liebte seine Ex-Freundin über alles und bildete sich mit der Zeit, aus Angst sie einmal zu verlieren, immer mehr Dinge ein, die gar nicht existierten. Zum Beispiel glaubte er immer wieder, daß ihn seine Ex-Freundin betrügen würde, aber das tat sie nicht, bis es ihr eines Tages zuviel wurde und sie dann wirklich mit einem anderen Mann davonging.

„Hier in der Ortschaft weiß eigentlich noch niemand, daß Gerhard in einer Nervenklinik war. Wir sind erst vor etwa einem halben Jahr hergezogen", sagten sie.

Ich sah die Angst in ihren Gesichtern, die Angst, daß Gerhard rückfällig werden könnte. Sie versuchten, mich zu beruhigen und baten mich, Gerhard eine Zeitlang zu beobachten.

Das tat ich dann auch. Mit ihm wurde es immer schlimmer. Gerhard fing an, sehr viel zu rauchen und trank mehr Kaffee als sonst. Er sprach immer mehr wirres Zeug wie zum Bespiel, ich würde ihm heimlich etwas in seine Getränke tun, er deswegen keinen Steifen mehr zusammenbringe und wir dadurch keinen Sex mehr hätten, und ich würde ihn heimlich filmen, um ihn ins Gefängnis zu bringen.

Ich hielt das alles nicht mehr aus. Es war Abend, und ich rief Gerhards Eltern an und erzählte ihnen, was Gerhard mir alles vorwarf. Sie verlangten, daß ich mit Gerhard so schnell wie möglich zu ihnen kommen sollte, sie wollten selbst hören bzw. sehen wie es um ihn stand.

Sie hörten Gerhard genau zu und achteten darauf, wie er auf manche Dinge reagierte.

Seine Eltern und ich ließen ihn kurz alleine und wir gingen in den Nebenraum. Sie waren sehr enttäuscht und es war ihnen peinlich, vor mir zuzugeben, daß Gerhard einen Rückfall hatte. Sie meinten, daß das, was Gerhard mir vorwarf, nur der Anfang war, mit der Zeit würde es schlimmer. Für mich waren die paar Vorwürfe von ihm schon schlimm genug. Seine Eltern baten mich, da es schon so spät war und sie Gerhard morgen früh noch mal in die Nervenklinik fahren würden, ihn diese eine Nacht bei mir

übernachten zu lassen. Sobald er in der Klinik sei, würden sie seine Sachen abholen. Mit Gerhards Auszug aus meiner Wohnung war ich natürlich gleich einverstanden, aber die Idee, ihn noch einmal bei mir übernachten zu lassen, gefiel mir überhaupt nicht. Nach vielen Bitten seiner Eltern ließ ich ihn dieses eine Mal noch bei mir übernachten. Der Gedanke, nach dieser Nacht nie mehr mit Gerhard zu tun zu haben, half mir sehr.
Gerhards Eltern und ich unterhielten uns mit Gerhard und schlugen ihm vor, noch mal in die Nervenklinik zu gehen. Zuerst lehnte er ab, aber mit viel Überredungskunst konnten wir ihn davon überzeugen.
Diese Nacht konnte ich kein Auge zumachen. Gerhard redete kein Wort mit mir. Ich betete still, daß er mir nichts tut. Bei einem Menschen wie ihm weiß man ja nie, ob er nicht gleich ausflippt. Ich sah alle fünf Minuten auf die Uhr, bis es endlich acht Uhr morgens war und Gerhards Eltern vor der Tür standen, um ihn abzuholen. Ich verabschiedete mich von Gerhard.
Bevor er ging, sagte ich zu ihm: „Es tut mir Leid, daß es zwischen uns nicht geklappt hat."
Danach legte ich mich ein paar Stunden ins Bett und holte meinen Schlaf nach. Am frühen Nachmittag kamen Gerhards Eltern und holten seine Sachen ab. Sie meinten, er wäre gut in der Nervenklinik angekommen und würde eine härtere Therapie als die vorige bekommen.
Es tat ihnen auch Leid, daß die Beziehung zwischen Gerhard und mir nicht funktionierte.
Ich weiß nicht, wie es Gerhard heute geht. Ich habe den Kontakt zu ihm abgebrochen. Aus dieser Beziehung habe ich gelernt, nichts zu überstürzen. Sich zuerst Zeit lassen und eine Person erst richtig kennenlernen, bevor man zusammenzieht und auf jeden Fall nicht erzwingen, jemanden kennenzulernen, nur weil man sich momentan einsam fühlt.

Ein fieses Spiel

Ich heiße Kerstin und bin 26 Jahre alt. Ich wohne mit meinem zweijährigen Sohn Jan in einer kleinen Mietwohnung. Meine Eltern sind berufstätig, meine zwei Geschwister auch und meine Freundinnen haben alle einen Partner und arbeiten auch; deshalb habe ich selten die Gelegenheit, Jan zum Aufpassen herzugeben, um einige Nachmittage und auch Abende für mich alleine zu haben. Nichts gegen meinen Sohn, ich habe ihn sehr lieb, aber es gibt Zeiten, wo ich einfach einmal alleine sein möchte. Einem Fremden vertraue ich meinen Sohn auch nicht an, ich schätze, ich habe schon zu viele schlimme Dinge im Fernsehen gesehen bzw. gehört.
Und jetzt erzähle ich euch meine wahre Geschichte, wie ich Andreas kennengelernt habe.
Ich fahre immer zu einer gewissen Tankstelle, da das Diesel dort billiger ist, tanke ich mein Auto voll. Die Tankstelle hat einen kleinen Nebenraum mit einem Kaffeeautomaten. Da können sich die Leute einen Kaffee genehmigen, rauchen und quatschen. Man kann immer sehen, wer sich dort aufhält. Meistens sind es Männer. Männer, die über Sport, Saufen und über Frauen herziehen.
Als ich an einem Wochenende wieder mal volltankte, fiel mir ein ganz süßer, netter junger Mann besonders auf. Ich habe ihn hier zwar schon des öfteren gesehen. Er saß manchmal hinten bei diesen schrägen Typen, aber er war irgendwie anders. Er war eher immer ruhig und las Zeitung.
Diesmal hörte ich beim Zahlen genau hin und merkte mir seinen Namen. Er hieß Andreas. Bei einem guten Bekannten von mir habe ich den vollen Namen von Andreas erfahren und wo er wohnt. Im Telefonbuch suchte ich Andreas Telefonnummer raus. So etwas habe ich eigentlich noch nie getan.
Ich überlegte einige Tage hin und her, ob ich ihn anrufen sollte, aber dann dachte ich mir, was soll's, mehr als ‚Nein' sagen kann er nicht. Also rief ich ihn an einem Donnerstag Nachmittag an und stellte mich vor. Er war gerade bei der Tankstelle gewesen. Witzigerweise wußte er genau, wer ich war.
Er sagte: „Ah, du bist doch die Dunkelblonde, die hier des öfteren tankt. Du hast einen kleinen Sohn?"

Ich meinte: „Ja."
Ich redete nicht lange herum und fragte ihn, ob er mit mir mal ausgehen möchte. Er war einverstanden, meinte, daß er dieses Wochenende keine Zeit hätte, aber nächsten Freitag, und er würde sich dieses Wochenende nochmal bei mir melden. Es war Freitag und ich ging mit meiner Schwester am Abend weg. Ich ließ mein Handy eingeschaltet, falls mit Jan etwas wäre. Da meldete sich überraschenderweise um 21.30 Uhr Andreas. Er war sehr nett. Er fragte mich, was ich gerade mache. Ich sagte ihm, daß ich gerade mit meiner Schwester unterwegs wäre. Er meinte, er würde mit seinem Freund auch kurz weggehen, er wollte gar nicht weggehen, aber es ergab sich einfach so.
Samstag Vormittag fuhr ich mit Jan einkaufen. Frühnachmittag fuhr ich wieder in Richtung heimwärts, bis Andreas bei mir vorbeifuhr. Ich blieb auf einem Parkplatz stehen und rief ihn an. Andreas sprach etwas eigenartig. Er erzählte mir, daß er von gestern abend noch nicht zu Hause sei bzw. noch nicht mal geschlafen hätte und er hätte einiges getrunken. Ich wollte ihn nicht länger aufhalten, er sollte sich mal ausschlafen, deswegen beendeten wir unser Gespräch.
Sonntag Nachmittag trafen Andreas und ich bei der Tankstelle zufällig aufeinander. Er war mit seinem Freund dort. Wir unterhielten uns kurz. Er war sehr nett und nervös. Da Andreas mit seinem Freund dort war, fuhr ich wieder.
Die Tage vergingen, und ich mußte immer öfter an Andreas denken. Es war schon Donnerstag, und noch immer hatte ich keinen Anruf von ihm. Das machte mich etwas nervös, und ich rief Andreas gegen Abend an. Er hob ab und freute sich über meinen Anruf. Er sagte, er hätte Nachmittagsschicht und würde mich später nach 22.00 Uhr zurückrufen. Ich wartete und wartete, und tatsächlich rief Andreas mich zurück. Er erzählte mir, daß er ca. dreißig Jahre alt sei und bis jetzt leider sehr viele schlechte Erfahrungen mit Frauen hinter sich habe. Er möchte, wenn, dann eine feste Beziehung haben. Er fand, daß die Typen, die bei der Tankstelle rumhängen, „Bauerntrampel" wären. Wir machten unser Treffen für Samstag aus.
Andreas schlug mir vor, damit ich keinen Babysitter für Jan suchen müßte, würde er zu mir in die Wohnung kommen. Er sagte, er wäre um 21.00 Uhr bei mir.

Ich war so gut drauf. Da leider auch ich bis jetzt nur schlechte Erfahrungen mit Männern machte, war ich froh, endlich jemanden kennengelernt zu haben, der wirklich nett und nicht nur auf Sex aus war.
Der Freitag verging sehr schnell und endlich, es war Samstag. Gegen Mittag fuhr Andreas mir entgegen. Ich sendete ihm eine Nachricht auf sein Handy, die lautete: „Hallo, ich freue mich schon auf heute Abend."
Ich räumte meine Wohnung auf, richtete mich her und wartete, bis es 21.00 Uhr war. Ich lenkte mich vor dem Fernseher ab. Jetzt war es soweit, es war 21.00 Uhr. Ich wartete. Es war 21.15 Uhr. Ich dachte mir, ein wenig Verspätung kann jedem passieren. Um 21.30 Uhr wurde ich schon nervös. Ich rief Andreas an. Sein Handy war eingeschaltet, aber er hob nicht ab. Zwanzig Minuten später rief ich ihn nochmal an, aber vergebens. Um 22.00 Uhr sagte ich ihm zornig auf die Mobilbox: „Danke, daß du mich versetzt hast."
Ich war völlig fertig und heulte mir im Bett die Augen aus.
Ich wartete bis Sonntag Mittag, bekam aber leider keinen Anruf von Andreas. Ich rief Andreas mehrmals mit unterdrückter Nummer an. Sein Handy war zwar immer eingeschaltet, aber er hob nie ab. Dieser Bekannte, von dem ich Andreas vollen Namen bekam, sagte mir damals noch, daß Andreas zeitweise gerne trinkt und betrunken mit dem Auto fährt.
Gegen 15.00 Uhr machte ich mir wahnsinnige Sorgen. Ich dachte: „Vielleicht hatte er zuviel getrunken, einen Unfall gehabt und liegt jetzt irgendwo in einem Krankenhaus." Ich rief Andreas weiterhin an.
Gegen 16.30 Uhr hob er endlich ab, aber es war nicht Andreas, sondern derjenige, der abhob, meinte, er wäre Andreas' Bruder, Georg.
Georg sagte mir, daß Andreas gestern Abend mit einer dunkelhaarigen, hübschen weg war. Meine Sorge verwandelte sich in Wut. Ich dachte zuerst, ihm wäre etwas zugestoßen. Er hätte mich wenigstens anrufen und absagen können. Das sagte ich auch zu Georg. Georg gab mir Recht.
Er meinte, daß Andreas mehrere Handys hätte und ob ich eine von seinen anderen Nummern haben möchte. Ich brach dieses Gespräch ab und legte auf. Ich war momentan sehr verwirrt. Wie

konnte ich mich von einem Menschen nur so täuschen lassen!
Ich redete mit meinen Geschwistern darüber. Sie rieten mir, Andreas zu vergessen, er wäre keinen Gedanken wert, er wäre ein großes Arschloch.
Ich redete auch mit dem Bekannten, von dem ich Andreas' vollen Namen bekam. Er hatte dieselbe Meinung wie meine Geschwister, und er sagte mir auch noch, daß Andreas an dem Samstag, an dem er mit mir eine Verabredung hatte, zu Mittag schon stockbesoffen gewesen wäre. Als ich das hörte, war ich froh und erleichtert, erleichtert darüber, mit Andreas noch keine Beziehung angefangen zu haben. Ich möchte mit niemandem in einer Beziehung leben, der viel trinkt und schon zu Mittag betrunken ist.
Kein Wunder, daß keine Frau es bei Andreas aushält.
Gegen Abend rief ich nochmal bei Andreas an. Ich wollte eine Entschuldigung und eine Erklärung von ihm. Georg hob wieder ab und sagte mir, daß Andreas von dieser Dunkelhaarigen abgeholt wurde. Ich war natürlich sehr wütend. Georg versuchte, mich zu beruhigen und redete ganz nett mit mir, und so kam es, daß wir uns für nächste Woche verabredeten. Georg gab mir seine Handy-Nummer und meinte, daß ich ihn jederzeit anrufen könne.
Zwei Tage später rief ich Georg an. Er war nett, was mich aber störte war, daß er manchmal von Andreas sprach. Er fragte mich, ob ich Andreas vergessen könne. Ich bejahte natürlich, denn er tat mir sehr weh. Georgt sagte mir immer, wann ich ihn anrufen solle, was ich dann auch tat. LEIDER!
Einen Tag, bevor Georg und ich unsere Verabredung hatten, sagte mir Georg die volle Wahrheit. Er sagte: „Ich halte diese Lügen nicht mehr aus. Ich weiß nicht, wieso ich mich da hineinziehen lassen konnte. Ich bin nicht der Bruder von Andreas, sondern sein bester Freund. Andreas bat mich, bei seinem Handy abzuheben. Er ist am Samstag auch nicht alleine mit einer Dunkelhaarigen weggewesen. Ich war mit ihm weg. Es war zwar eine dunkelhaarige Frau dabei, aber die war mit ihrem Freund zusammen. Andreas hat diese dunkelhaarige Frau sehr gerne, aber leider hat sie schon einen Freund."
Das war das gemeinste und abscheulichste, was mir je untergekommen ist. Ich beendete das Telefonat.
Auf Georgs Handy schrieb ich: „Idiot."

Auf Andreas' Mobilbox sprach ich: „Jetzt weiß dann jeder, was du für ein Depp du bist und daß du keinen Charakter hast."